LE SCHIPPERKE

François Kiesgen de Richter

LE SCHIPPERKE

ÉDITION 2017

COLLECTION LES CHIENS DE RACE

LE GUIDE ILLUSTRE

Tome III

1 - MISE EN GARDE

Sachez qu'en faisant l'acquisition d'un chiot, vous en encouragez le mode d'élevage. Un chiot doit naître et grandir dans le respect de ses besoins physiologiques et psychologiques, qui ne sont ni l'exiguïté ni le minimum vital en guise de soins. Les parents du chiot doivent avoir été testés pour les maladies pour lesquelles ils sont prédisposés. Un chiot doit avoir des parents inscrits au LOF, car les accouplements par hasard d'une rencontre ne garantiront jamais les spécificités d'une race. Les éleveurs agréés par le Schipperkes Club de France garantissent la continuité de la race, ce sont leurs préoccupations essentielles. Votre choix n'est pas anodin.

Plusieurs approches existent pour éduquer votre chien, la traditionnelle repose en partie sur le principe de la punition pour faire comprendre au chien à quel moment il se comporte mal. Elle semble avoir des résultats rapides mais son fondement lui-même est contesté car elle produit de mauvais conditionnements. Le chien n'a pas à juger la situation ni à analyser le danger mais il doit réagir comme un automate. Dans ce guide nous vous proposons une méthode qui utilise le renforcement positif, et qui donc va tirer parti de toute l'intelligence du chien, elle est souvent nommée « méthode moderne » ou « méthode douce » ou « méthode positive ».

2 - PRÉSENTATION

C'est le plus petit des chiens de bergers. Il se montre bon de garde, car il prévient très bien. Le Schipperke, déborde d'énergie. Il est dynamique, alerte, preste, agile. C'est un chien adroit, véloce, souple et très vif. À la maison il pourra vous apparaître infatigable, car n'attendez pas de lui d'être un endormi. Tout ce qui se passe l'intéresse, il est sans cesse aux aguets,
C'est un chien cousin des bergers belges, qui a un excellent mordant et si vous lui apprenez à garder il sera sans concession.
Bien socialiser il s'entend bien avec les enfants, avec qui il se montrera doux, mais il ne faudra le chercher car il aboiera et montrera les crocs. Il faudra fixer des règles aux enfants et au Schipperke.
Son plus grand défaut et sa vocalise : c'est un criard. Il peut vite vous casser les oreilles. Il faudra donc dès son arrivée tempérer cette attitude pour la réserver uniquement à prévenir d'éventuels étrangers et faire autorité sur son territoire.
Il a une grande qualité : il fait la chasse aux rats, taupes et autres nuisibles et ne leur fera pas de cadeau. Mais il adore ramener ses trophées dans la maison.
Son tempérament de berger se traduit par sa mission instinctive de prévention : aussitôt qu'il a remarqué quelque chose d'insolite il en prévient son maître. Il apprend très vite les codes et les usages de la maison, se mêle de tout et c'est parfois agaçant de l'avoir dans les

pieds, il faut qu'il enregistre les moments ou c'est « stop ». C'est un chien courageux, parfois même provocateur, et contrairement à ce qu'il peut laisser paraître il a une agressivité bien contrôlée mais présente. L'éducation du Schipperke doit commencer dès son arrivée à la maison avec calme et douceur et après une période d'adaptation à son environnement de quelques jours. Il accepte la vie en appartement, mais préfère le jardin. En revanche en promenade, il doit être éduqué au rappel et au stop, sinon il prendra la poudre d'escampette, pour suivre une piste car il a un odorat très puissant. Il serait dommage qu'il ne connaisse que la laisse. Donc à vous de l'éduquer.

Un brossage hebdomadaire est recommandé pour l' l'entretien de sa fourrure, et si possible quotidien au moment de la mue. Il faudra le brosser dans le sens du poil. Enfin, il est recommandé de ne pas le baigner trop souvent, environ tous les trois mois

C'est un chien qui n'est pas un chien fragile. Il a une belle longévité, d'environ une quinzaine d'années.

3 - LE STANDARD

<u>ORIGINE :</u>
Originaire de Belgique, son standard a été publié le 28.07.2009.
<u>UTILISATION :</u>
C'est un petit chien de garde et de compagnie.
<u>FCI-CLASSIFICATION :</u>
Il est du Groupe 1 - Chiens de berger et de bouvier (sauf chiens de bouvier suisses) - et de la Section 1 - Chiens de berger . Sans épreuve de travail -.
<u>ASPECT GENERAL :</u>
Lupoïde, le Schipperke est un berger sous un format réduit, mais très solidement bâti.
Sa tête est cunéiforme, au crâne assez développé et museau relativement court. Son corps est harmonieux, court, assez large et trapu, mais les membres ont une ossature fine. Sa robe est très caractéristique, bien fournie et à poil droit, formant collerette, crinière, jabot et culottes, ce qui lui donne sa silhouette vraiment unique. Le dimorphisme sexuel est marqué. Sa morphologie, ainsi que ses caractéristiques et son caractère de chien de berger, tout cela en petit format, explique sa grande popularité, débordant largement les frontières belges
<u>PROPORTIONS IMPORTANTES :</u>
La hauteur au garrot est égale à la longueur du corps, c'est donc un chien bâti au carré.
La poitrine est bien descendue jusqu'au niveau des

coudes.

Le museau est nettement moins long que la moitié de la longueur de la tête.

<u>TETE</u> :

De forme lupoïde, cunéiforme, mais pas trop allongée et suffisamment large pour être en harmonie avec le corps. Arcades sourcilières et zygomatiques modérément arquées. La transition de la région crânienne à la région faciale est visible, mais ne doit pas être trop accentuée.

<u>REGION CRANIENNE</u> :

Front assez large, diminuant vers les yeux, vu de profil légèrement arrondi. Les lignes supérieures du crâne et du chanfrein sont parallèles.

Stop : Marqué, mais sans exagération.

<u>RÉGION FACIALE</u> :

Nez : Petit, truffe toujours noire.

Museau : S'effilant vers le nez; bien ciselé, pas trop allongé, le bout pas tronqué; longueur approximativement 40 pour cent de la longueur totale de la tête ; chanfrein rectiligne.

<u>LÈVRES</u> :

Noires, bien serrées.

<u>MÂCHOIRES/DENTS</u> :

Dents saines et bien implantées. Articulé en ciseaux; la denture en tenailles est tolérée. Denture complète, correspondant à la formule dentaire. L'absence d'une ou de deux prémolaires 1 (1 PM1 ou 2 PM1) ou d'une prémolaire 2 (1 PM2) est tolérée et les molaires 3 (M3) ne sont pas prises en considération.

<u>JOUES</u> :

Sèches, se fondant doucement dans les parties latérales du museau.

<u>YEUX</u> :

De couleur brun foncé, petits, en amande, ni enfoncés, ni proéminents ; regard malicieux, vif et perçant;

paupières bordées de noir.

<u>OREILLES :</u>
Bien droites, très petites, pointues, triangulaires (autant que possible équilatéralement), attachées haut, mais pas trop rapprochées, fermes, excessivement mobiles.

<u>COU :</u>
Fort, puissamment musclé et semblant très volumineux par les poils abondants de la collerette, de longueur moyenne, bien dégagé, bien porté et plus redressé quand il est attentif, le bord supérieur légèrement arqué.

<u>CORPS :</u>
Court et large, donc trapu, mais pas excessivement volumineux ou lourdaud, idéalement inscriptible dans un carré, donc la longueur depuis la pointe de l'épaule jusqu'à la pointe de la fesse approximativement égale à la hauteur au garrot.

<u>LIGNE DU DESSUS :</u>
La ligne supérieure du dos et du rein est droite et bien tendue, souvent légèrement montant de la croupe vers le garrot.

<u>GARROT :</u>
Très accentué et semblant plus relevé encore à cause de la crinière.

<u>DOS :</u>
Court, droit et fort.

<u>REIN :</u>
Court, large et râblé.

<u>CROUPE :</u>
Courte, large et horizontale ; la partie postérieure de la croupe, donc la jonction entre la croupe et les pointes des fesses, est harmonieusement arrondie, ce qui est appelé derrière de cochon d'Inde.

<u>POITRINE :</u>
Bien descendue jusqu'au niveau des coudes ; large de face et derrière les épaules, donc les côtes bien arquées ; de profil, le poitrail bien en saillie.

LIGNE DU DESSOUS :
Le dessous de la poitrine bien descendu, atteignant les coudes; harmonieusement et légèrement montant vers le ventre, qui est modérément relevé, ni avalé, ni levretté.
QUEUE :
Attachée haut. Certains chiens naissent anoures (complètement sans queue) ou avec une queue rudimentaire ou incomplète (queue courte ou moignon de queue). Ils ne peuvent être pénalisés de ce fait. Une queue naturelle (atteint au moins le jarret) est de préférence tombante au repos et peut être relevée lorsque le chien est en mouvement, dans le prolongement de la ligne du dessus, de préférence sans la dépasser. La queue enroulée ou portée sur le dos est acceptée.
MEMBRES :
D'ossature fine et se trouvant bien en dessous du corps.
MEMBRES ANTERIEURS :
Vue d'ensemble : Les antérieurs sont d'aplomb vus de tous les côtés et parfaitement parallèles vus de devant ; leur longueur du sol aux coudes est à peu près égale à la moitié de la hauteur au garrot.
EPAULES :
Longues et bien obliques, angulation de l'épaule normale. Bras : Longs et suffisamment obliques.
COUDES :
Fermes, ni décollés, ni serrés.
Avant-bras : Droits, vus de face assez espacés.
CARPES (POIGNETS) :
Fermes et effacés.
MÉTACARPES :
Assez courts, vus de face dans le prolongement des avant-bras, de profil tout au plus très légèrement inclinés.

PIEDS ANTÉRIEURS :
Petits, ronds et serrés (pieds de chat); les doigts cambrés; les ongles courts, forts et toujours noirs.
MEMBRES POSTERIEURS :
VUE D'ENSEMBLE :
Les postérieurs doivent se trouver sous le corps et être parfaitement parallèles vus de derrière.
CUISSES :
Longues, fortement musclées et à cause de l'épaisseur de la culotte semblant plus large encore.
GENOU :
Approximativement à l'aplomb de la hanche ; angulation du genou normale.
JAMBES :
Approximativement de même longueur que les cuisses.
JARRETS :
Bien angulés, sans exagération.
MÉTATARSES :
Plutôt courts ; la présence d'ergots n'est pas souhaitée.
PIEDS POSTÉRIEURS :
Comme les pieds de devant, ou un rien plus longs.
ALLURES :
Les allures, au trot, sont souples, fermes, avec une amplitude moyenne et une bonne poussée des postérieurs, le dos demeurant horizontal et les membres se mouvant parallèlement ; le mouvement des antérieurs doit être en harmonie avec celui des postérieurs et les coudes ne doivent pas décoller. À plus grande vitesse, les membres convergent.
PEAU :
Bien tendue sur tout le corps.
ROBE :
POIL :
Le poil de couverture est abondant, dense, droit, suffisamment dur, de texture assez ferme, donc sec et résistant au toucher, formant avec le sous-poil doux et

serré une excellente protection. Poil très court sur les oreilles et court sur la tête, le devant des antérieurs, les jarrets et les canons postérieurs. Sur le corps poil de longueur moyenne et couché. Autour du cou poil beaucoup plus long et plus écarté, à commencer du bord extérieur des oreilles, formant, surtout chez le mâle, mais aussi chez la femelle, une collerette large et très typique (poils longs autour du cou, en épi de chaque côté), une crinière (poils longs sur la région supérieure du cou, s'étendant jusque sur le garrot et même les épaules) et un jabot (poils longs sur la région inférieure du cou et sur le poitrail, s'étendant entre les antérieurs et se terminant progressivement sous la poitrine).

Sur l'arrière des cuisses, des poils longs et abondants, qui recouvrent la région anale et dont les pointes sont dirigées d'une manière très typique en dedans, forment la culotte. La queue est garnie d'un poil de la même longueur que celui du corps.

<u>COULEUR :</u>

Noir zain. Le sous-poil ne doit pas être absolument noir, mais peut aussi être gris foncé s'il est complètement caché par le poil de couverture. Un peu de gris, p. ex. au museau, dû à l'âge, est toléré.

<u>TAILLE ET POIDS :</u>

<u>POIDS :</u>

De 3 à 9 kg . Un poids moyen de 4 à 7 kg est recherché.

4 - LES ORIGINES

En dialecte flamand Schipperke veut dire « petit berger ». L'ancêtre commun des Bergers Belges et des Schipperkes serait un chien de berger, de race ancienne, généralement noir et assez petit, appelé Leuvenaar. Son origine remonte au XVIIe siècle. Vers 1690 le Schipperke était le chien favori des gens du peuple et des savetiers bruxellois du quartier Saint-Géry, qui organisaient des concours pour faire admirer les colliers en cuivre ciselé dont ils paraient leurs chiens. On amputait sa queue entièrement, une mode datant déjà, paraît-il, du XVe siècle. Il était réputé comme chasseur de souris, rats, taupes et autres nuisibles. Le Schipperke fut exposé pour la première fois en 1882, dans la ville de Spa. Il fut mis à la mode par la reine Marie-Henriette de Belgique.

Son introduction en Grande-Bretagne et aux Etats-Unis date de 1887. Le premier standard fut établi en 1888 par le club responsable de la race, fondé la même année, et qui est le plus ancien club de race en Belgique. Au cours des années il a bien fallu se mettre à la tâche pour unifier le type. À l'époque, en effet, on parlait des variétés d'Anvers, de Louvain et de Bruxelles.

Le Schipperke remonteraient à la fin du 17ème siècle où on le situe dans les régions d' Anvers, Louvain et Bruxelles. C'est un pur Lupoïde, appartenant à la souche la plus ancienne de l'espèce canine dont l'état est resté immuable. Il est, parmi les chiens de petite taille, le plus pur représentant des lupoïdes. Sa petitesse qui fut obtenue par sélection, est le seul point qui témoigne d'une véritable évolution. Le Schipperke est le descendant des Leuvénaars les plus petits croisés ayant été croisés entre eux. Le Leuvénaar était un « chien-loup » généralement de taille moyenne qui est l' ancêtres des Bergers Belges actuels. Les plus petits auraient été choisis pour faire des ratiers dans les écuries et des gardiens dans les habitations et auraient donné le Schipperke.

Évidemment son origine, et la légitimité de ceux qui en parlent déclenchent des querelles de clochers. Aujourd'hui dans les concours vous trouverez le Schipperke présenté en même temps que les bergers belges via le CFCBB (club français du chien de berger belge). J'ai découvert cette race à Aubigny sur Nére lors des régionales et nationales d'élevage du CFCBB.

5- MES CONSEILS

Il faudra une solide éducation au Schipperke car c'est un chien très actif, qui est braillard.

Le choix de l'éleveur sera essentiel, car une bonne lignée vous garantira un chien conforme au standard de la race.

À la maison, l'apprentissage de la hiérarchie devra se faire dès son plus jeune âge. C'est-à-dire dès huit semaines.

Venons au point crucial, c'est un chien sensible, il ne s'épanouira pas dans un climat de brutalité, ou de bruit, ou dans un contexte trépidant. Il pourrait rapidement devenir craintif ou agressif. La confiance est le maître mot de la relation que vous devrez établir avec votre Schipperke. Il a absolument besoin d'attention, et de sport, si vous ne pouvez pas vous en charger, alors ne prenez pas un Schipperke, il sera malheureux.

Le Schipperke est particulièrement ritualisé dans son comportement du quotidien, il est souvent « réglé comme du papier à musique » pour réagir à notre emploi du temps qui dicte le sien, mais aussi à tout enseignement. C'est d'ailleurs dans la « routine » que le Schipperke se sent le mieux.

Au rythme de nos allées et venues, de l'éducation à nos attentes, le Schipperke se fabrique un « catalogue de comportements canins », qui est organisé autour de nos activités humaines, professionnelles ou autres.

Le changement d'habitude doit se gérer, et il faudra

préparer le Schipperke avec une immersion progressive si possible, et toujours être plus proche du son chien dans ces moments-là.

Les situations ou le Schipperke stress amènent des comportements en réponse qui en général, sont souvent la destruction, et aussi le développement de l'agressivité. Plus rarement le Schipperke développera des névroses et des pathologies psychosomatiques.

Certaines personnes font des concours de beauté avec leurs chiens, c'est très bien, mais le chien n'est pas un mannequin, il faudra donc aussi répondre à ses besoins canins. C'est pire quand des éleveurs ne font que de la beauté avec leurs reproducteurs, un Schipperke à besoin d'action. En résumé les comportements « hyper » et « hypo », sont liés aux manques de communication du couple chien maître et d'activité canine. Le comportement « hyper » est dit pour un chien qui tend vers l'hyperactivité. Le comportement « hypo » est un chien timide, peureux, qui refuse l'activité. Évidemment il s'agit de tendance, il faut y observer les modulations.

En moyenne il faut une vingtaine de leçons pour l'éducation de base. L'éducation est progressive dès 8 semaines jusqu'à au minimum 18 mois. Pour un chien Schipperke, il faut minimum deux entraînements par jour de vingt minutes pour entretenir les réflexes. Il faut compter deux ans pour une éducation complète. Je définirais les qualités du maître ainsi : calme, passion, amour, rigueur.

6 - CHOISIR SON CHIOT

Je vais d'abord, parlez de vous, futur maître, avant de vous livrer un lot de conseils sur le choix de votre Schipperke La petite boule de poils, c'est tout beau, tout mignon. Êtes-vous sûrs de votre choix ?
Un chien c'est pour 12 à 14 ans de vie commune avec un compagnon.
Êtes-vous joueurs — pas de poker ou de roulette russe — mais de balle, ou de Frisbee. Le jeu est le secret pour établir une connivence avec votre chien. Si vous associez le jeu et la récompense alors ce sera gagné. Mais attention, l'usage de la récompense est un art. L'objectif n'est pas d'avoir un chien dépendant à la croquette.
Je vais faire des grincheux, mais un chien ne s'achète pas en animalerie, et surtout pas chez un particulier non déclaré comme éleveur et qui aurait de magnifiques Schipperkes sans LOF. L'élevage est depuis janvier 2016 réglementé. C'est une affaire de professionnels.
Je vous invite visiter le site du club de la race. S'il y a une portée elle est annoncée sur le site. Et seul les élevages sérieux qui se conforment à l'orientation du club de race, sont référencés. Une fois repéré la portée, il faudra sur le site du club regarder la cotation des chiens reproducteurs de l'élevage, mais aussi les cotations en général des chiens de l'élevage. Je vous conseille vivement de contacter le club de race.
Vous devrez visiter l'élevage, il ne faudra pas décider avant, et surtout pas par téléphone. Vous prendrez

rendez-vous pour une visite.

Lors de la première visite de l'élevage, faites confiance à votre instinct, soyez observateurs, questionnez l'éleveur. Avec ce livre vous saurez déjà beaucoup de choses. Vous allez vivre de dix à quatorze ans, avec votre compagnon. Voyons, c'est sérieux.

C'est très intime. Vos enfants joueront avec votre chien. C'est essentiel que votre chien soit sociable. Attention, avec un enfant ne perdez jamais le chien de vue. Quelle que soit la race du chien cette règle est essentielle.

Pour choisir votre chiot il y a le test comportemental élaboré par le psychologue William Campbell à la fin des années soixante, qui a été créé pour prévoir les tendances comportementales des chiots soumis aux ordres et à la domination (physique et sociale) de l'homme.

Son but est d'aider un acquéreur potentiel à choisir, à l'intérieur d'une portée, le sujet le plus adapté au milieu et à la famille dans lesquels il est appelé à vivre.

Le test de Campbell est très utile si l'on n'attend pas d'autres résultats que ceux prévus à l'origine par ce test : ce n'est ni un test d'intelligence ni un test d'aptitude, et l'on ne peut donc pas considérer qu'il va nous fournir des indications allant dans ce sens.

Dans quelques cas seulement, avec des races au caractère très particulier – comme le Chow-Chow –, le test de Campbell ne donne pas de résultats fiables.

Le test se fait entre quarante à cinquante jours, il dure une demi-heure. Vous choisirez un lieu isolé et tranquille, n'offrant aucune distraction, et clos. Il doit y avoir une entrée parfaitement identifiable. Il est indispensable que ce lieu, situé à l'extérieur ou à l'intérieur, soit absolument inconnu du chiot.

Le futur propriétaire du chiot doit demander à exécuter le test lui-même.

Si l'éleveur vous dit qu'il a déjà soumis la portée au test,

demandez-lui gentiment l'autorisation de le refaire vous-
même. S'il refuse, à vous de juger l'éleveur. Sûrement sa notoriété est surfaite.

Vous prenez vous-même le chiot que vous envisagez et vous le conduisez dans une zone choisie pour le test. Cette zone est évidemment convenue avec l'éleveur.

Vous ne devez pas parler au chiot, ni l'encourager, ni le caresser. Si le chiot fait ses besoins pendant le test, ignorez la chose et ne nettoyez l'endroit que quand le chiot sera parti.

Attraction sociale : Posez délicatement le chiot au centre de la zone de test et éloignez-vous de quelques mètres dans la direction opposée à celle de l'entrée. Accroupissez-vous ou asseyez-vous en tailleur et tapez doucement dans vos mains pour attirer le chiot, il doit vous rejoindre.

Aptitude à suivre : Partez d'un point situé à proximité du chiot et, éloignez-vous du chiot en marchant normalement. Le chiot doit vous suivre tout de suite.

Réponse à la contrainte : Accroupissez-vous, retournez délicatement le chiot sur le dos et maintenez-le dans cette position pendant 30 secondes environ en laissant votre main sur sa poitrine. Le chien se rebelle puis se calme et vous lèche.

Dominance sociale : Baissez-vous et caressez doucement le chiot en partant de la tête et en continuant par le cou et le dos. Le chiot se retourne et vous lèche les mains.

Dominance par élévation : Prenez le chiot sous le ventre en croisant vos doigts, les paumes des mains vers le haut. Soulevez-le légèrement du sol et maintenez-le ainsi pendant 30 secondes environ. Le chiot se rebelle puis se calme et vous lèche les mains.

Le test complet est modulable, en fonction des réponses, je vous ai donné les meilleures réponses du chiot.

Certains chiots ont tendance à réagir d'une façon agressive et pourraient même mordre. Ils ne conviennent pas à une famille avec des enfants ou des personnes âgées, car ils ont trop de caractère et sont à réserver à un maître averti qui veut faire de l'activité canine.

Certains chiots ont tendance à se faire valoir, sans toutefois atteindre des excès. Ils ne sont pas recommandés dans les familles où vivent déjà des enfants en bas âge ou d'autres chiens du même sexe.

Certains chiots, sont extrêmement soumis, et devront recevoir beaucoup de douceur et de gratifications pour avoir confiance en eux et parvenir à s'adapter le mieux possible au milieu humain. Ils cohabiteront difficilement avec des enfants.

À vous de situer le chiot en fonction du test. Le chiot a répondu comme je vous l'ai indiqué, il est complètement équilibré et pourra s'adapter partout, même s'il y a des enfants ou des personnes âgées. Il a un degré élevé de docilité.

Comprenez que nous n'appréhendons pas la dominance qui est un facteur lié à la meute, mais bien la docilité et donc la facilité d'éducation.

Maintenant vous pouvez réserver votre bébé chiot. Vous poserez une option ferme et vous donnerez un acompte.

Une femelle ou un mâle. C'est au choix. Considérez qu'un mâle à plus de caractère est inexact, chaque chien est influencé par ses gènes et son environnement. Les gènes sont connus si vous prenez une lignée avec un LOF, et que vous avez pris le temps d'observer les parents et les frères et sœurs. Ce sera à vous de créer l'environnement adéquat.

Vous viendrez voir l'évolution de la portée lors d'une deuxième visite dès que les chiots auront soixante jours.

Vous pourrez vérifier que le chiot choisi est toujours équilibré, simplement en faisant quelques jeux. Soulevez-le, appelez-le, grattez-le, tous vos gestes seront d'abord un peu refusés, puis acceptés. S'il y a un problème là, alors entre les deux visites l'éleveur a rencontré une difficulté.

7- L'ARRIVÉE DU CHIOT

Avant de voyager, vous avez réglé les dernières formalités, et vous avez été particulièrement attentifs aux vaccinations. Vous avez un carnet de santé, un livret des origines familiales, un carnet de vaccinations et une facture.

Pour votre voyage, sachez que le chiot est un être fragile qui va pour la première fois vivre ce qui est pour lui un drame. Alors soyez compréhensifs envers votre chiot.

Vous ferez une halte par heure. Vous avez de l'eau, une gamelle, du papier absorbant, deux serviettes, et une vieille chemise à vous.

Pourquoi vous demandez-vous ? Eh bien la chemise va beaucoup servir plus tard car elle sera imprégnée de votre odeur, et deviendra un repère pour le chien.

Lorsque le chiot entre à la maison, il faut qu'il trouve un coin prêt pour lui. Il aura un panier avec un tapis moelleux. S'il vous plaît éviter l'osier car le chiot va déchiqueter et engloutir des morceaux. Vous aurez prévu deux écuelles si possible en acier et des jouets. Il devra y avoir deux types de jouets, pour s'amuser, et pour travailler.

Ne donnez pas de jouets en mousse ou en plastique que le chiot va détruire et dont il avalera des morceaux. Je préconise une balle ronde, une balle ovale et une barre en élastomère. Je ne suis pas sponsorisé, alors je m'autorise à vous conseiller la marque Kong qui est à mon sens la plus résistante et qui est ajourée pour mettre des friandises dans les jouets. Je renouvelle peu les jouets de mes quatre chiens en privilégiant la résistance.

Le poids des chiens pèsera à terme sur leurs articulations non protégées par du poil, et cela engendrera des calcites aux coudes des pattes. Offrez à votre chiot un coussin de panier très confortable et si possible avec une housse lavable.

Il ne faudra pas donner de suite ses jouets au chiot. Vous devrez attendre au minimum trois jours avant de jouer avec lui. Ensuite vous pourrez en laisser à la disposition du chiot.

Les jouets de travail vous les garderez pour l'apprentissage avec le chien. Cette procédure est la base de l'éducation du chien.

Le chiot en arrivant va devoir s'habituer à son chez lui et à sa nouvelle famille. Soyez patients, laissez le chiot prendre ses marques. Vous devrez attendre que votre chien soit en sécurité et se sente protégé avant de le solliciter.

À son arrivée, vous allez d'abord continuer les câlins, et doucement laisser le chiot explorer sa nouvelle maison. À ce moment-là, il y aura peut-être un besoin urgent et vous devrez faire comme si de rien n'était. S'il vous plaît ne montrez pas au chien que vous nettoyez, ne marquez pas le moment des besoins sinon vous augmenterez le temps que le chiot mettra à être propre.

Si vous avez un jardin, vous pourrez anticiper le moment du besoin urgent. Votre chiot sera très vite propre.

Le chiot fourrera son museau partout, laissez-le faire pour qu'il puisse se familiariser avec son milieu. Comme il va à un moment faire une bêtise, votre première leçon d'éducation va commencer.

Vous devez savoir dire « NON » et de façon sèche. C'est très important.

Ne vous inquiétez pas, si vous devez répéter. Pendant les deux premières semaines, c'est juste un « NON » que vous répéterez autant de fois que nécessaire. Surtout il ne doit pas y avoir de punition.

Ne vous précipitez pas au moindre gémissement du chien, sous peine d'en faire un mauvais comportement.

Le chien vit sa vie, vous vivez la vôtre. Ce n'est pas le chien qui décide.

Éviter l'accident en apprenant à bien soulever le chiot, mettez une main sur la poitrine, mettez l'autre main sous les fesses.

Après une semaine vous ne direz « NON » que deux fois. Si le chien continue, vous n'insisterez pas. Vous changerez de stratégie. Première leçon il ne faut pas crier. Deuxième leçon il ne faut jamais toucher le chien pour le contraindre.

Vous allez associer l'ordre « NON » à un bruit. J'utilise une bouteille d'eau en plastique remplie de petits cailloux et bien bouchonnée. Vous lancerez la bouteille à droite ou à gauche du chien en donnant sèchement l'ordre « Non ».

Je dis à droite ou à gauche et suffisamment loin de lui. C'est juste fait pour détourner son attention. L'erreur sera de toucher le chien avec la bouteille car vous le rendrez peureux.

S'il vous plaît ce n'est pas un jouet mais un outil d'éducation, alors ne donnez pas la bouteille au chiot.

Le chiot devra rester une semaine dans sa maison avec sa famille. Il ne devra pas rester seul car il serait désorienté et stressé. Et malheureusement votre chiot répondra à sa façon à son déséquilibre. Oui bien sûr il y a la propreté. Pensez-vous que le chiot fera dehors ? Essayez. Mais attention à ne pas exposer le chiot car son système immunitaire est inexistant pour l'instant.

Après une semaine, sortez et laissez le chien seul chez vous cinq minutes puis revenez. Félicitez-le, il est resté tranquille, il sera content de vous revoir. S'il a fait un besoin, ou une bêtise, faite comme si de rien n'était. Vous pourrez diminuer le temps, et mettre trois minutes. En général nous commençons par cinq minutes, puis dix minutes, faites-le tous les jours, et augmentez la durée. Le chien n'a pas la notion du temps. Mais, il a peur de l'abandon. Alors transformez la notion d'abandon en attente positive.

Plus tard, vous allez confier votre maison à votre chien. Alors ne loupez pas l'éducation de base.

À partir de deux semaines chez vous le chien devra sortir et là aussi vous devrez respecter une procédure. Pour sa première sortie le chien portera une laisse et un collier en cuir et surtout pas de collier étrangleur et encore moins de collier électronique.

Vous maîtrisez le premier commandement qui est le « Non ». Vous allez travailler l'ordre « Au pied ». Vous vous rendez dans un endroit calme et vous allez apprendre au chien à marcher à côté de vous. Commencez par mettre votre chien à votre gauche, puis commandez « nom de votre chien - au pied » et avancez la jambe gauche. Le mousqueton doit tomber librement, le chien doit avoir les épaules au niveau de votre genou. Le chien doit vous suivre mais pas vous devancer. Surtout allez-y doucement, vous ne corrigez pas le chien, vous lui apprenez. Ne vous inquiétez pas, il comprend.

compliquer la vie, pour plus tard.   Le chien est en apprentissage. Soyez compréhensifs. Avez-vous appris immédiatement ?

Pour l'instant limitez-vous à l'apprentissage de la marche en laisse. Il ne faut que votre ordre soit toujours « nom de votre chien - au pied » et vous ramenez le chien en bonne position. J'ai dit délicatement car c'est un chiot. Mais il a le droit de sortir, et en tout cas il ne doit pas apprendre un mauvais comportement. N'allez pas vous étapes. Vous avez remarqué que nous avons commencé tôt son éducation.

Les sorties devront être progressives en durée et en complexité. N'exposez pas votre chiot au centre-ville un samedi aux heures de pointe.

Commencez par des balades en campagne, puis en ville dans un endroit protégé du trafic, puis petit à petit exposez le chien.

Tôt ou tard votre chien aura peur. S'il vous plaît n'ancrez surtout pas ce comportement. Faites comme si de rien n'était et continuez à marcher. Il ne faut jamais féliciter un chiot pour un comportement inadéquat.

Je vous résume ma méthode pour le chiot : l'ancrage et le renforcement positif. Rien d'autre.

Quand on désire un peu de tranquillité à la maison, on peut utiliser un enclos pour chiot. Le chien doit avoir un repère, c'est son panier. Il doit de lui-même s'habituer à s'y rendre. C'est son coin, vous n'avez pas le droit d'y aller.

Vous pouvez aussi avoir une cage de transport métallique. Il faut l'y habituer dès son plus jeune âge, en le mettant dedans.

Pour amener le chien à utiliser son panier puis à accepter sa cage de transport, il faut y placer au début un os à mâcher, de la panse à mordiller, des oreilles à lécher, et son jouet préféré mais surtout sous le coussin la chemise qui a été utilisée pour l'arrivée du chien et qui porte votre odeur. L'ancrage olfactif est une façon de rassurer le chien. Le chiot ne devra jamais être dérangé lorsqu'il se trouvera dans son coin. Le chiot doit avoir à boire en permanence. Lorsque je me déplace je pense à amener de l'eau pour le chien. Un chien boit beaucoup, et de l'eau saine et propre.

Le chiot mange à heure fixe une ration prévue et si possible une alimentation de qualité. Il a 20 minutes, puis vous enlevez la gamelle. Pour les friandises, vous devez comprendre qu'elles sont nécessaires à l'éducation du chiot et plus tard du chien. Donc la récompense est un outil d'éducation. Seulement la récompense est calorique. Il est préférable de la choisir allégée.

8 - LA PROPRETÉ DU CHIOT

Pour votre chiot, la propreté signifie naturellement de ne pas faire sur les lieux de couchage et de nourriture.

Le chiot doit donc comprendre la propreté autrement.

Pour faciliter l'apprentissage vous devez respecter quelques règles.

Distribuez la nourriture à heure fixe si possible pas le soir tard.

Laissez manger le chien seul au calme et lui retirer sa gamelle vingt minutes après la lui avoir donnée. Qu'elle soit vide ou pas.

Toujours laisser de l'eau propre disponible.

Sachant que le chiot se soulage après l'ingestion de nourriture, sortez-le juste après avoir mangé, mais ne le faites pas courir.

Un chiot dort beaucoup, il va donc se reposer de nombreuses heures et souhaite se soulager presque automatiquement à son réveil. Sortez-le juste après le repos.

Un chiot de 8 semaines ne peut pas se retenir plus d'une heure ou 2 dans la journée, 3 ou 4 heures la nuit, donc soyez patients. Vous pouvez compter les heures et sortir le chien. Je vous assure que cela fonctionne très bien, si vous sortez le chien après les repas, après les siestes, après les séances de jeux, le soir avant le coucher et le matin dès le jour et les premiers bruits. Un Schipperke va vite comprendre, et viendra vous alerter.

Il ne faudra pas attendre du chiot une réelle capacité à

se retenir plusieurs heures avant l'âge de 6 mois.

Vous devez sortir le chien trois fois par jour au minimum.

Le chiot parfois va naturellement se soulager dans la maison, surtout ne le punissez pas. Mais n'ancrez pas ce mauvais comportement. Faite comme si de rien n'était.

Sortir le chiot souvent et dès son plus jeune âge est une évidence.

Au début choisissez de le conduire en laisse dans des endroits tranquilles et propres.

Les endroits bruyants, très fréquentés de gens et de congénères sont à proscrire.

Il est conseillé de sortir le chiot avant ses 3 mois. Le risque infectieux est minime. Par contre pour son éducation c'est génial. Il deviendra plus vite équilibré et capable de faire ses besoins en laisse où que vous alliez.

Et même si votre chiot dispose d'un jardin, cela ne dispense surtout pas de le sortir dans la campagne.

Enfin pas de fixation sur la propreté, elle viendra entre six et huit mois.

9 - LA SOCIALISATION DU CHIOT

À partir de sa huitième semaine, le chiot peut de manière légale quitter l'endroit où il est né.

Il va falloir qu'il découvre sa nouvelle « maison » et poursuive l'apprentissage de la vie, de ce qui l'attend dans les mois et années à venir.

Des expériences nouvelles sont indispensables aux chiots pour acquérir un équilibre comportemental satisfaisant à l'âge adulte, cette confrontation avec le monde qui l'entoure devant se réaliser dans de bonnes conditions (absence d'éléments anxiogènes).

Le chiot a grandi aux côtés de sa mère qui s'est occupée de lui inculquer quelques règles. Dans le meilleur des cas, il était aussi entouré de frères et sœurs avec lesquelles il a pu échanger, jouer et apprendre aussi le partage. S'il a vécu à la campagne et qu'il se retrouve en ville – ou inversement – cela constitue un premier grand changement dans sa vie.

De nouveaux bruits, puis un nouvel environnement, les premiers jours, cela fait beaucoup d'un seul coup ! C'est pour cela qu'il convient de l'accueillir avec un certain calme.

Le chiot doit une semaine après son arrivée être manipulé régulièrement mais précautionneusement, et confronté en douceur et de manière progressive aux différents bruits de la vie courante, il sera plus rapidement à l'aise.

Ensuite, il devra être confronté aux bruits, de la

télévision, de la radio, de l'aspirateur, du balai que l'on passe non loin de son museau, aux voisins dans l'escalier ou le jardin, aux visites d'amis.

Le chien vacciné, vous devez sortir le plus possible sans craindre pour sa santé. C'est essentiel.

Apprenez-lui progressivement à s'habituer à tous les bruits, à tous les lieux. Ces petites incursions alors qu'il est tout jeune lui éviteront de nombreux problèmes plus tard dans sa vie. Et surtout, surtout faites-lui croiser des gens. Arrêtez-vous, serrer des mains et habituez-le aux enfants de la rue qui veulent le complimenter.

Tordons le cou encore à une idée reçue, le chien ne devrait jamais être caressé par des étrangers, pour préserver son instinct de garde. Pas de chance c'est exactement l'inverse. Il faut le socialiser sinon ce ne sera pas un chien de garde qui sait analyser un danger mais un lion en cage prêt à bondir sur tout ce qui passe à sa portée.

Les chiots devraient être présentés à des enfants de tous les âges, s'il n'y en a pas dans la maison, trouvez-en. Par contre, il doit toujours y avoir un adulte qui supervise lorsque les enfants sont avec le chiot de manière à ce que les jeux ne deviennent pas trop houleux et que le chiot ait une expérience positive.

Si le chiot fait mal à l'adulte, le gros chien trouvera une manière d'arrêter le petit, soit avec un grondement soit avec un aboiement. Stoppez immédiatement votre chiot. Ces conseils sont essentiels pour l'éducation. Éduquer le chiot en l'habituant aux autres chiens est essentiel. Une des meilleures manières d'apprendre les bonnes manières canines est de permettre à votre chiot de rencontrer des chiens adultes. Les chiens adultes font attention aux chiots, c'est leur nature. Exposez le chiot progressivement à des congénères adultes, et s'il y a agressivité vous devez stopper immédiatement le chiot.

Apprenez à votre chiot à accepter d'être manipulé par

d'autres que vous dès son plus jeune âge. Demandez à vos amis de procéder doucement à l'examen des oreilles, des yeux, de la queue, des gencives et des dents de votre chiot.

Donnez une petite récompense au chiot pour avoir permis ceci. Par contre la récompense ce n'est que vous. Essayez de vous souvenir de cette règle. Ne permettez à personne de nourrir votre chien, c'est la base de l'éducation au refus d'appât. De cette manière, les chiots apprendront qu'être manipulés par tout un tas de gens est une expérience agréable et manger ce n'est que sur indication du maître. Pour les obligations de pension, il faudra que le chien soit présenté à l'accueillant et progressivement immergé (une heure en pension, puis deux…), ne mettez pas le chien en pension avant son éducation complète c'est-à-dire dix-huit mois. Si vous utilisez votre chien en garde, évitez la pension et préférez confier le chien à des proches connus du chien et averti. Je sais, faire garder son chien est une contrainte, pensez-y avant et choisissez une personne de confiance et averti. Les traumatismes psychologiques liés au sentiment d'abandon existent dans ce cas, alors éviter absolument l'autoritarisme.

10- MON SCHIPPERKE AU QUOTIDIEN

Le Schipperke est un chien qui bouge, qui communique, donc c'est très important, que son maître lui offre des interactions.

Sachez qu'entre douze et quatorze mois un Schipperke fera certainement une crise d'adolescence et voudra se mesurer à son maître. Il faudra rester calme, ferme, et continuer à interagir. Cette phase dure deux ou trois mois.

Les moments des chaleurs demanderont de l'attention pour les mâles comme pour les femelles. Il est essentiel pour un particulier, d'avoir choisi un moyen de contraception (définitifs ou réversibles si vous souhaitez faire du concours en club de race et proposer votre chien en saillie ou votre chienne pour une portée à des éleveurs).

Voici quelques questions qui me sont régulièrement posées :

<u>« Lorsque mon Schipperke ne revient pas tout de suite, dois-je le gronder ? »</u>

L'éducation au rappel est essentielle. Le Schipperke tentera de suivre des pistes et de s'évader ? Cette situation peut vous énerver et vous donner envie de réprimander votre chien afin qu'il comprenne que la prochaine fois il serait préférable qu'il revienne plus vite. Cela est une erreur car votre chien ne comprendra pas cette logique. Lui, fonctionne dans l'apprentissage immédiat. En le réprimandant lorsqu'il revient, vous lui apprenez que revenir vers vous n'est pas une bonne chose. Dans ce contexte, je préconise de toujours félicitez votre chien lorsqu'il revient, de le remettre en laisse et de continuer la ballade ainsi suffisamment longtemps. Si vous ne cédez pas, il comprendra. En principe à partir de trois ans, il ne doit plus essayer ces genres de stratégies.

« Lorsque je remarque que mon Schipperke a fait une bêtise pendant mon absence, dois-je le punir systématiquement » ?

Si vous grondez un chiot en rentrant chez vous pour lui faire comprendre que vous ne souhaitez pas qu'il ait ce comportement, c'est une erreur. Dans cette situation, votre chien comprendra que vous ne voulez pas de cette bêtise et non que vous ne vouliez pas qu'il fasse cette bêtise ! Par exemple, si votre chien fait pipi en votre absence et que vous le réprimandez après coup, il comprend que vous ne voulez pas du pipi dans la maison et il risque d'éliminer ces traces en mangeant ces excréments. Il ne comprend donc pas la situation tout simplement car une réprimande doit toujours être sur le fait. Pour régler des comportements gênants en votre absence, vous devez ignorer le Schipperke au moins une heure.

« Mon Schipperke aboie quand on sonne à la porte, est-ce normal ? »

Il faut le féliciter et lui adjoindre de se taire. Il vous obéira, car c'est une race de berger belge et qu'il comprendra. Il est naturel qu'il prévienne, il faudra le féliciter avec une petite caresse, si après avoir prévenu il reste calme. Si vous évitez le dressage à la brute, le Schipperke sera réceptif à vos consignes en matière de prévention.

« Puis-je laisser mon enfant seul avec mon Schipperke ? »

Ne laissez jamais, ô grand jamais, votre chien seul avec

votre enfant ! Cette règle de sécurité devrait être connue de tous les parents. Ne prenez pas ces règles de sécurité à la légère, un accident est, malheureusement, bien trop vite arrivé. Même si en général le Schipperke adore les enfants, il faut surveiller.

<u>« Mon Schipperke vole parfois de la nourriture, dois-je le gronder ? »</u>

C'est une caractéristique des bergers belges, il faudra le prendre en « flag » pour lui interdire cela. Par contre les pièges sont absolument contre-indiqués (genre poivre, moutarde, pétard à retardement…), car le chien doit toujours comprendre un interdit par son maître et pas comprendre un interdit par la peur.

<u>« Quels sont les problèmes de santé du Schipperke ? »</u>

Il ne présente pas de problème de santé particulier, hormis, bien entendu, si les parents n'ont pas suivi les protocoles de dépistages, ce qui n'est jamais le cas avec des élevages recommandés le club de race. Il existe un syndrome de dilatation torsion gastrique auquel vous devez faire attention qui est le retournement de l'estomac et qui arrive si le chien se met à l'effort après avoir mangé.

<u>« Comment entretient-on le poil du Schipperke ? »</u>

Le Schipperke ne demande pas beaucoup d'entretien. En période de mue, qui se produit deux fois par an, on fera un brossage quotidien. La mue dure entre deux et trois semaines.

<u>« Quels sont les vaccins à prévoir pour mon Schipperke ? »</u>

Il faut suivre les conseils de votre vétérinaire, pour les rappels de vaccin. Pensez à administrer un traitement anti-puce et tiques pendant les saisons chaudes ainsi qu'un vermifuge deux fois par an. Le carnet de santé et le suivi médical sont obligatoires en France. En fonction des régions et des risques votre vétérinaire vous conseillera, les vaccins nécessaires ainsi que d'autres protections en fonction des régions. Surtout avant de voyager il fait contacter votre vétérinaire.

<u>« Quelle nourriture dois-je donner à mon Schipperke ? »</u>
Il faut le nourrir si possible deux fois par jour avec une alimentation sous forme de croquettes de bonne qualité car une bonne alimentation est indispensable. Si le repas n'est pas consommé en vingt minutes, retirer la gamelle et surtout vous devez refuser le grignotage entre les repas. Si le chien fait de l'utilisation ou du sport canin, il faut compléter avec des vitamines.

<u>« La nourriture BARF est-elle conseillée pour mon Schipperke ? »</u>
L'alimentation à base de viande crue BARF (Biologically Appropriate Raw Food) est une approche de l'alimentation du chien que je ne conseille qu'avec un dialogue avec votre vétérinaire avant de décider.

<u>« Comment gérer la sexualité chez mon Schipperke ? »</u>
La maturité sexuelle du chien se produit autour du septième mois chez le mâle, et entre sept et dix mois chez la femelle. Par contre, le chien peut manifester des désirs sexuels dès l'âge de sept semaines, sous forme de jeux où l'accouplement est simulé. La femelle connaît des périodes de chaleurs ou œstraux, en général, tous les six mois. Il arrive que cet intervalle varie entre 4 et 8 mois. Ces périodes se produisent au printemps et à l'automne ; elles correspondent à l'ovulation et dure de 15 à 20 jours. La fécondation peut se produire entre le septième et le quatorzième jour. L'urine contient alors des phérormones qui attirent les mâles. La chienne a des segments généralement appelés menstruations, bien que le terme exact soit diapédèse. Il s'agit de globules rouges qui traversent la paroi. Si un mâle montre de l'intérêt, la chienne fera savoir son contentement en plaçant sa queue de côté, pour présenter son vagin. Lors de copulation, un bulbe sur le pénis du chien se

gorgera de sang. Le chien ne pourra se séparer de la femelle tant qu'il ne se désengorgera pas, cela peut prendre de 15 à 20 minutes. Attention, il est très important de ne pas tenter de séparation sous aucun prétexte cela risquerait de déchirer le vagin de la femelle. Il ne faut pas considérer la stérilisation comme une mutilation qui rendra votre animal malheureux. Il faut savoir que le comportement d'une chienne dépend surtout de son instinct et de ses hormones. Les chaleurs apparaissent environ deux fois par an, et durent en général 3 semaines. Hormis ces deux périodes de l'année, sachez que votre chienne n'a nulle envie de se reproduire et, contrairement aux idées reçues, elle n'a pas besoin d'avoir été au moins une fois en relation avec un mâle pour être équilibrée. Il faut savoir que la contraception par piqûres ou par comprimés n'est pas la solution optimale, mais est une bonne approche. Le traitement va supprimer les chaleurs mais n'aura aucun effet sur les autres problèmes hormonaux, dus à la présence des ovaires, et qui peuvent entraîner parfois des maladies. Pour moi le problème est surtout de ne pas faire l'apprenti éleveur. À titre personnel je pratique la contraception réversible avec mes chiens et une veille attentive lors des moments du printemps et l'automne, je décris là mes pratiques qui resteront toujours discutables. Pour votre tranquillité la castration et la stérilisation sont à mon sens le plus judicieux. Un chien non castré devient fugueur en période de chaleurs et souvent surexcité. En présence d'une femelle en chaleur, il écoutera son instinct sexuel. Il faut donc en être averti. Pour la femelle en période de menstruation elle devient plus agressive, et souvent devient aussi fugueuse, c'est une caractéristique des femelles Schipperkes d'être très accueillantes envers les mâles de la même race.

<u>« Comment se passe la vieillesse chez le Schipperke ? »</u>

Comme pour tous les chiens. Le Schipperke vit entre 12 et 14 ans, en moyenne. L'allongement du temps de repos et de sommeil, sera un indicateur du début de vieillesse. Lentement l'animal peut venir à souffrir dans sa locomotion, à s'essouffler, à mal entendre ou à mal voir, cette inévitable dégénérescence entraîne et accompagne progressivement des troubles de l'humeur et du comportement. Il faut donc être plus attentif et plus soigner votre chien. Les signes du 3e âge se voient donc sur le plan physique, psychologique et comportemental. Il vaut mieux s'abstenir d'amener « dans les pattes » d'un vieux chien un chiot turbulent. Mais, et c'est mon expérience, si l'on introduit un jeune animal d'une race identique ou proche, dans le groupe familial <u>en tout début de phase senior</u> quand le chien est encore bien actif, alors c'est bénéfique pour les deux. Les mauvaises habitudes et les bonnes habitudes seront transmises. Stimulés, mes chiens seniors ont toujours retrouvé une seconde jeunesse.

11 - RÈGLES D'ÉDUCATION

Il ne faut jamais toucher un Schipperke pour le contraindre. J'entends par toucher, vouloir imposer à un chien une position. Nous n'utiliserons jamais de collier électronique ni de collier étrangleur. Vous ne corrigez pas un chien, c'est juste malsain et violent, vous devez dire « Non » fermement. Dès l'apprentissage je conseille d'utiliser un harnais de type professionnel. Tout simplement c'est plus aisé pour le chien et moins dangereux pour son cou. Il ne faut jamais crier. Le chien perçoit les ultrasons, donc il vous entend même si vous parlez à voix basse. Surtout la modulation de voix sera votre outil pédagogique. Vous devez vous forcer à parler normalement à votre Schipperke. Dans les cas d'extrême urgence seulement vous pourrez utiliser un ordre crié et ce sera l'objet d'une éducation ciblée. Si vous gâchez toutes vos munitions maintenant vous serez désarmés en cas de besoin extrême. Alors je vous conseille de parler bas, de répéter en montant un peu le ton et pas plus. Évidemment le chien peut très bien ne pas obéir, voir se rebeller, mais nous avons d'autres tactiques. Si vous associez la voix, avec un geste et un son, vous aurez « TOUT BON » et apprenez à faire la tête et à détourner le regard si votre Schipperke n'écoute pas. Je ne t'aime plus et je ne m'occupe plus de toi, il a horreur de cette stratégie. Rappelez-vous que je sanctionne sur l'action par un comportement proportionné (voix, geste, et je boude) puis je lève la punition après deux minutes.

Le chiot et le chien sont deux réalités différentes, et nous devons parler d'apprentissage pour le chiot et d'éducation pour le chien. Bannissez le mot dressage. Vous a-t-on dressés quand vous étiez enfants ? Pendant le jeune âge, la psychologie du chiot est complètement différente. Le chiot réagit à des stimulations de façon différente du chien. Il faut souligner que la construction mentale d'un jeune chiot est comme une éponge prête à absorber des millions d'informations. Un chiot ne doit pas travailler plus d'une demi-heure d'affilée jusqu'à six mois, ensuite la charge augmente. Il faut commencer l'éducation du chiot tôt. Mais respectez cette règle, il faut travailler souvent mais pas longtemps. Surtout le travail pour le chiot est basé sur le jeu et le plaisir. Aussi et mon dernier conseil, vous pouvez faire comme les professionnels et apprendre à moduler votre ton de voix, je me répète vous devez apprendre à utiliser une voix normale pour tous les ordres quotidiens et monter la voix pour les ordres plus complexes, et les enchaînements. La première règle est de récompenser un comportement attendu, et de faire comme si de rien n'était avec un comportement inadapté. La deuxième règle qu'il faut faire apprendre, faire répéter, puis faire associer le comportement attendu. La règle essentielle, c'est que l'apprentissage se fait toujours en utilisant le jeu et la friandise.

En conclusion, l'apprentissage se fait un utilisant systématiquement le jeu, l'association se fait par la répétition des apprentissages, l'intégration des enchaînements de comportements vient par la routine de l'entraînement. Mais surtout, la félicitation doit être le partage de la joie du maître et du chien.

12 - ÉDUCATION

Quand un chien tire sur sa laisse, il se met aux avant-postes pour renifler un emplacement particulièrement apprécié, rejoindre un camarade de jeu, faire en fait quelque chose à sa convenance. Le maître doit refuser. Sinon tirer sur la laisse est récompensé par la réalisation de l'objectif. Votre rôle sera de ne pas céder, au contraire, soyez fermes pour que votre compagnon marche au pied avec la laisse. Il faut vous arrêter si le chien tire sur la laisse, puis attendre un peu et donner l'ordre « non ». Il n'est pas souhaitable de bloquer le chien avec sa jambe pour l'obliger à être à bonne hauteur. Chez le Schipperke, il est plus judicieux de changer de direction dès que vous sentez qu'il tire, de stopper et de dire « non ».

Assis, couché, debout

Une friandise aide à apprendre à s'asseoir, à se coucher et à se mettre debout.

Au début, vous dites l'ordre quand le Schipperke entame la position souhaitée puis vous faites un geste adéquat par exemple main vers le haut pour le debout, vers le bas pour le coucher et horizontale pour l'ordre assis, enfin vous associez un son au clicker par exemple, un coup pour l'ordre assis, deux coups pour le coucher, un seul coup très long pour le debout. Vous terminez chaque exercice avec un signal de fin de cours (par exemple : va jouer). Et n'oubliez jamais la friandise (en fin d'exercice pour le chiot, en fin de séance pour le chien). Par contre la caresse c'est toujours, dès que c'est bien exécuté.

Prenez une friandise dans la main et tenez-la de manière à ce que le chien puisse la sentir et la lécher, mais pas la manger. Vous allez doucement déplacer la friandise de son museau vers le dessus de sa tête. Le chien va alors commencer à s'asseoir pour être plus à l'aise et suivre la friandise des yeux. Maintenant vous enchaînez l'ordre, le geste et le son. Dès que l'arrière-train touche le sol, donnez la friandise. Je déconseille, mais c'est possible d'apprendre d'abord avec l'ordre, puis avec l'ordre et le geste, puis avec l'ordre, le geste et le son. C'est moins bien pour le conditionnement.
Avec un Schipperke, il est impératif de travailler avec les trois systèmes de reconnaissance. Avec trois signaux différents vous éviterez la confusion, ce qui est essentiel pour un « stop » ou un « au pied ».

Il ne faut pas travailler à partir de la position assise, c'est une hérésie qui gênera le conditionnement. Vous devez partir de l'ordre chien debout. Vous déplacez une friandise en partant devant le museau du chien et en allant vers le sol. Le chien suivra votre mouvement. Vous devez uniquement lui donner la friandise quand il est couché. Vous pouvez placer une friandise sous une chaise ou une table suffisamment basse pour que le chien se couche pour manger la friandise.
Souvenez-vous au début il ne faut pas donner l'ordre tant que le chien s'apprête à prendre la position souhaitée.

le chien est au coucher, vous tenez une friandise devant le museau et vous éloignez lentement votre main en suivant une ligne parallèle au sol et dès que le chien lève les pattes arrière pour se mettre debout, à ce moment-là vous offrez la friandise.

Travailler l'ordre « Pas bougé » :
Mettez le chien à l'ordre « assis », tenez une friandise en mains, attendez dès que le chien commence à bouger donnez l'ordre « pas bougé » et offrez la friandise.
Au fil du temps, votre chien gagnera en assurance et respectera de plus en plus longtemps la position « pas bouger ». Vous devrez alors faire l'exercice en vous éloignant progressivement de votre berger belge.
Commencez par vous éloigner d'un mètre, puis vous donnez l'ordre et vous récompenser.
Avant d'augmenter la distance il faut vous assurer que le chien ne bouge pas sur l'exercice.
Ensuite il faudra vous cacher et laisser le chien sur place avec l'ordre « pas bougé ».
Il ne faut pas chercher l'échec, il faut patiemment ancrer les distances pour en faire accepter de nouvelles.

Le travail à distance sur les positions de base :
Le chien doit apprendre que l'ordre ne signifie pas qu'il doit prendre la position demandée en étant près de vous, mais il doit prendre la position là où il se trouve et au moment où vous la lui demandez. L'importance de la coordination du mot, du geste et d'un son, devient essentielle.
Attachez votre chien à un arbre et éloignez-vous de 2 m et vous donnez l'ordre « Assis ». Rejoignez le chien et récompensez-le. Au futur et à mesure vous augmenterez progressivement la distance vous séparant du chien. Si besoin vous repartez de la distance

précédente. Avant d'augmenter la distance il faut vous assurer que le chien ne bouge pas sur l'exercice. Il ne faut pas chercher l'échec, il faut patiemment ancrer les distances pour en faire accepter de nouvelles. Maintenant vous recommencez le travail avec le chien sans laisse (attention il faut être en endroit clos).

Dans le travail à distance sur les positions de base, nous incluons l'arrêt sur l'ordre « stop ». Vous marchez, et vous donnez à votre Schipperke l'ordre « assis » suivi de l'ordre « pas bougé », et vous faites deux pas puis vous donnez l'ordre « au pied ». Au futur et à mesure vous augmenterez progressivement la distance. Dans un deuxième exercice, vous demanderez à votre chien de rester « debout » et vous continuerez à marcher en rajoutant l'ordre « pas bouger ». N'oubliez jamais de féliciter et de récompenser. Au fur et à mesure des exercices il n'y aura que la félicitation, la récompense sera donnée en fin de séance.

Au pied : L'ordre « au pied » est essentiel, il a déjà été travaillé juste avant mais nous allons l'ancrer. Dans de nombreuses situations lorsque vous vous promenez, il s'agira de rappeler le chien mais aussi de l'habituer à marcher au pied près de vous. Vous devez apprendre à votre chien la marche côté droit. En ville, le chien doit marcher côté intérieur (boutiques).

Pour la marche au pied sans laisse. Vous débutez avec une marche aux pieds avec la laisse et vous décrochez la laisse en laissant une main sur le dos du chien. Offrez la friandise. Maintenant vous donnez l'ordre « marche au pied », le chien suit à vos pieds. Vous donnez la friandise tous les dix mètres, puis vous espacez les friandises. Vous devrez augmenter progressivement la durée pendant laquelle le chien marche à vos côtés sans laisse pour que le chien reste concentré donnez l'ordre « au pied » régulièrement.

Faites preuve de patience, il faut absolument obtenir la

collaboration de l'animal. Si vous réalisez cet exercice avec la laisse il y a de fortes chances pour que vous ne puissiez jamais le réaliser le chien en liberté sans laisse.

L'ordre « au pied », doit se travailler lors de toutes les sorties. Dès le départ de votre balade, lorsque vous décidez d'enlever la laisse, vous demanderez plusieurs fois l'ordre « au pied ». La récompense sera de pouvoir laisser le chien se balader un moment librement. Bien entendu, le chien doit rester sous votre contrôle notamment s'il y a un manque de visibilité, s'il y a le moindre risque et si vous croisez d'autres promeneurs avec ou sans chien. La règle est de mettre votre chien au pied puis en laisse dès que vous croisez d'autres personnes avec ou sans chien. Si le chien déroge à la règle de rappel au pied il doit être immédiatement mis en laisse pour une période d'au moins de 10 minutes. Au bout de cette période vous refaites un test, si le chien déroge à la règle du rappel au pied, le reste de la balade se fera en laisse.

L'ordre non :

« Non » est un ordre signifiant « tu peux abandonner tout de suite, je te l'interdis ». Une éducation digne de ce nom et qui vise à avoir un chien facile à vivre suppose que vous consacriez du temps à cet ordre. Bien entendu, vous pouvez choisir un autre mot que « non », l'important sera d'y associer un geste et un signal sonore. Pour le geste et le signal sonore il vous faut faire très attention à éviter toute confusion involontaire avec un autre ordre.

Pour le premier exercice munissez-vous d'une récompense, tenez votre chien en laisse, placer la récompense de manière à ce que l'animal puisse la voir et la sentir, mais pas l'atteindre. Au moment où le chien tire sur la laisse pour tenter d'attraper la récompense, vous donnez l'ordre « non », une seule fois. Ensuite, vous restez silencieux. À cet instant le chien va-t-il essayer, de désobéir ? Vous devez alors absolument rester sur place et ne pas cédez il faut rester silencieux et détourner le regard. Le chien va avoir l'envie de désobéir. La tentation augmentera et l'exercice sera intéressant. Vous devez répéter l'ordre « non » au bout d'une minute. Puis vous augmenterez le temps.

Pendant vos promenades, vous devez régulièrement en fonction de l'attitude du chien vérifier la compréhension de l'ordre « non » Lors de son éducation, l'ordre « non » indique au chien l'interdiction. Il y a des interdictions directes et des interdictions qui doivent être intégrées par le chien même sans votre présence, notamment le refus d'appât, et ne pas se jeter sur le grillage quand il y a un passant, c'est très aisé à apprendre à un Schipperke. Sur le chemin de la promenade, vous placez avant la balade de la nourriture sous une pierre ou un morceau de bois de façon à ce qu'elle soit à portée de l'animal, le chien découvrira la nourriture cachée. À cet instant vous utiliserez l'ordre « non ». Au plus vous entraînerez le chien au mieux il réagira au signal de l'ordre « non ». Soyez néanmoins attentifs : de ne pas utiliser le signal s'il est déjà trop tard et que le chien a touché à la nourriture, dans ce cas réprimandé par la voix de façon ferme et nette « <u>non</u> », mettez-le en laisse et ne parlez plus au chien pendant dix minutes.

L'ordre donne :

Apprendre à un Schipperke à donner un objet sur votre ordre s'avérera utile et indispensable en cas d'urgence. Des exercices basés sur l'échange constituent le fondement de cet exercice, évitant ainsi tout esprit d'obligations. Pour le réaliser, vous avez besoin d'haltères en bois, d'une part parce que c'est l'objet utilisé en sport canin d'autre part par ce que le chien ne peut pas avaler ce type d'objets. Au départ de l'apprentissage vous utiliserez une balle ajourée dans laquelle vous glisserez une friandise. Vous lancez la balle. Vous donnez l'ordre : « va chercher ». Le chien ne peut pas prendre la friandise, il vous ramène la balle. Vous donnez l'ordre : « donne » et vous lui offrez la friandise. Le plus important sera de ne pas brûler les étapes, de faire l'exercice une ou deux fois.

Un chien sur ordre qui fait demi-tour sans hésitation alors qu'il est fortement distrait par l'environnement et qui revient rapidement vers son maître a un excellent rappel. C'est seulement dans ces conditions que vous pourrez lâcher votre chien. Le principe fondamental du rappel est de ne rappeler le chien que si vous êtes sûr qu'il viendra. Pour obtenir ce résultat avec un Schipperke, il faut commencer par apprendre l'ordre « au pied » et le chien à moins de 2 m de vous vous donnez l'ordre « au pied ». Le rappel ne doit laisser aucune place à une prise de décision du chien, il doit induire uniquement une réaction immédiate. Il ne faut pas vous attarder sur le fait de savoir si votre chien va obéir. Vous devez répéter chaque jour, et savoir que ce n'est jamais acquis. Lors des ballades, vous devez tester votre chien. C'est négatif vous mettez le chien laisse. Un Schipperke respectera vite le code : la liberté est en échange du rappel immédiat.
Le secret du rappel est d'être de travailler quotidiennement et d'avoir trois signaux à sa disposition (par exemple un coup de sifflet, et la main à la verticale en plus de l'ordre au pied). Votre chien devra savoir clairement ce que signifie l'ordre « au pied ».

L'ordre « Stop », et l'ordre « au pied » doivent être travaillés séparément. L'ordre au pied concerne le rappel. L'ordre stop est une demande d'arrêt immédiat en cas d'urgence avec l'arrêt du chien à l'endroit où il se trouve. L'ordre « stop » doit être travaillé après la maîtrise de l'ordre « au pied ». Lors d'une promenade, vous changez de direction et vous observez votre chien du coin de l'œil et vous donnez l'ordre « stop ».

Le rappel et le stop doivent être travaillés à chaque sortie et plusieurs fois lors de la sortie, mais à tour de rôle. Il ne faut pas enchaîner les ordres mais au contraire les intégrés au quotidien du chien. Au fur et à mesure vous vous apercevrez que le chien revient comme un éclair, il est entré dans le jeu, à ce moment-là il faudra fortement le récompenser, car vous avez gagné et le lien de confiance est total.

Le risque zéro n'existe pas, il y aura toujours quelques désobéissances, même pour un chien comme le vôtre qui est au TOP. Lorsque des chiens se rencontrent, le meilleur moyen de désamorcer une situation tendue consiste à poursuivre sa route rapidement et de manière décontractée. Si vous restez sur place, vous favorisez le début d'une dispute toujours possible. Si les chiens en arrivent à cette extrémité, les deux propriétaires doivent s'éloigner l'un de l'autre dans des directions opposées ; il s'agit de la méthode la plus facile pour mettre un terme à l'agressivité. Cette option n'est possible que lorsque les deux propriétaires sont conscients de l'obéissance de leurs animaux.

Une règle absolue et qu'un chien qui en provoque un autre est immédiatement stoppé par son maître qui s'excuse d'un ton amical et courtois.

13 - UN ÉLEVEUR SÉRIEUX

L'éleveur doit être agréé par le club de race, et vous proposer des reproductrices et des reproducteurs de hautes lignées qui auront été testés et auront participé à des concours de nationale d'élevage avec une notation « excellent ».

Avant la première maternité, l'éleveur doit avoir fait radiographier les hanches des reproducteurs et fait coter les clichés par la commission du club de race, qui délivrera à l'éleveur le certificat officiel de cotation. Un test ADN des reproducteurs aura été réalisé, avec une vérification de paternité mais aussi une recherche des tares oculaires sur les reproducteurs. Demandez à l'éleveur d'accepter de vous laisser avec le chiot qui vous intéresse et faite le test de Campbell.

L'âge idéal pour l'achat d'un chiot se situe entre 8 et 9 semaines. Il doit avoir sa puce, et son tatouage si possible. Il aura reçu une primo-vaccination pour les 3 maladies garanties par la loi : Maladie de Carré, Parvovirose et Hépatite.

L'éleveur doit vous remettre

- une attestation de vente,
- un carnet de vaccination avec les timbres des premières injections et les dates des premières vermifugeassions,
- un certificat de naissance,
- un dossier d'identification,
- un Lof ou un pré Lof

- les copies des certificats de dépistages et des tests sur les géniteurs
- et s'il est vraiment professionnel, il vous remettra un sachet des croquettes utilisées par l'élevage pour éviter un changement brutal de nourriture.
- et il vous donnera les premiers conseils de base,

N'oubliez pas de faire vacciner votre chiot à partir de 4 mois avec un rappel chaque année.

14- L'ACTIVITÉ

<u>LE SCHIPPERKE EN RING :</u>
En France il faudra attendre le début 1988 pour voir les Schipperkes sur des rings de travail.
<u>LE SCHIPPERKE EN AGILITY :</u>
Une discipline, qui met en avant la complicité entre le maître et son Schipperke, le maître et le chien évoluent en toute complicité sur des parcours d'obstacles.
<u>LE SCHIPPERKE EN PISTAGE :</u>
Ce petit chien est capable dans ce domaine de rivaliser avec des chiens de plus grande taille tout aussi vaillamment.
<u>LE SCHIPPERKE EN CAVAGE :</u>
Cette discipline qui consiste à détecter par le chien des truffes sur un périmètre donné. Muni d'un excellent odorat, le Schipperke est capable de briller dans cette discipline.
<u>LE SCHIPPERKE EN OBÉISSANCE :</u>
En discipline d'obéissance le Schipperke doit montrer, au travail, sa disponibilité, sa souplesse à obéir aux commandements, ainsi que son enthousiasme et sa rapidité dans l'exécution.
<u>LE SCHIPPERKE EN OBE-RYTHMEE :</u>
L'équipe maîtresse et chienne forme un couple en parfaite harmonie des mouvements en évoluant en musique
<u>LE SCHIPPERKE EN FRISBEE :</u>
Ce jeu consiste à faire rapporter à son chien, un frisbee.

LE SCHIPPERKE EN TROUPEAU :

Les concours de chiens de berger au travail sur troupeaux ont pour but de mettre en valeur les qualités du chien : obéissance, activité, douceur, initiative. Les Schipperkes s'illustrent dans cette discipline.

15 - LES EXPOSITIONS CANINES

L'exposition canine est une fête pour les propriétaires de chiens de race. Les expositions canines sont des concours réservés exclusivement aux chiens de race. En attribuant des qualificatifs aux chiens jugés les plus proches du standard de leur race les expositions permettent de classer les sujets selon leurs qualités morphologiques. Les expositions contribuent ainsi à l'amélioration des races canines. Il existe des expositions régionales et nationales.

Participer à une exposition demande une préparation minutieuse du maître et du chien. Votre chien doit y être présenté en excellente santé. Pour le Schipperke un petit toilettage est nécessaire. Le toilettage a pour but de valoriser le "look" de votre Schipperke ! Il faut aussi apprendre à votre chien, à marcher parfaitement en laisse à plusieurs allures, a se tenir immobile et droit sur ses pattes, a ne pas réagir aux bruits et mouvements de foule, a se laisser examiner et toucher sans broncher par le juge.

Classe Ouverte Mâles - Classe Ouverte Femelles. C'est une classe de concours ouverte à tous les bergers belges ayant atteint l'âge minimum. Cet âge varie selon les races, se situant généralement à partir de 12 mois. C'est aussi la classe obligatoire pour les chiens de plus de 24 mois.

Classe travail mâles - Classe travail femelles, réservée aux Schipperke avec épreuves spéciales de travail. Pour y avoir accès, le chien doit avoir reçu une récompense dans une épreuve de travail.

Champion de Beauté Mâles - Champion de Beauté Femelles. réservé aux Schipperkes qui ont obtenu les titres homologués de champions nationaux ou internationaux dans les pays membres de la Fédération Cynologique Internationale et qui ont atteint la limite d'âge de la classe ouverte

Classe Jeunes Mâles - Classe Jeunes Femelles Cette classe de concours est ouverte aux Schipperke s de plus d'un an et de moins de deux ans.

Classe Débutants mâles - Classe Débutantes Femelles. Cette classe concerne les Schipperke âgés de 9 mois jusqu'à l'âge minimum exigé.

Classe vétérans – Pour les Schipperkes ayant atteint l'âge minimum de 8 ans. Cette classe ne donne pas droit à l'attribution du C.A.C.S., ni du C.A.C.I.B.

Les cotations :

La note « excellent » est attribuée à un chien se rapprochant de très près du standard de sa race, présenté en parfaite condition, le chien réalise un ensemble harmonieux et équilibré. Il a de la "classe" et une allure brillante. La supériorité de ses qualités domine ses petites imperfections et il possède les caractéristiques de son sexe.

La note « très bon » est attribuée au chien parfaitement typé, équilibré dans ses proportions, en bonne condition physique. Quelques défauts "véniels" mais non morphologiques, sont tolérés. Le qualificatif ne peut récompenser qu'un chien de qualité !

La note « Bon » ce qualificatif est attribué à un chien possédant les caractéristiques de sa race mais accusant des défauts non rédhibitoires !

La note « Assez bon » le chien est "typé" mais sans qualités notoires et, ou, pas en bonne condition physique.

Sachez qu'il n'est pas décerné de qualificatif aux débutants, chiens entre 9 et 12 mois. Pour ces jeunes chiens, non adultes, le juge peut formuler une appréciation d'ensemble : très prometteur, prometteur, assez prometteur

À la fin du jugement de chaque classe (sauf pour la classe débutant) les 4 meilleurs chiens seront primés pour le 1er prix, 2ème, 3ème et 4ème prix.

Le 1er prix ne sera décerné qu'à un chien ayant obtenu, au moins, le qualificatif "très bon".

Les chiens" qualifiés "bons" ne peuvent obtenir une récompense supérieure au 2ème prix.

Les expositions canines débouchent sur l'attribution de récompenses et de titres connus dans le monde cynophile sous forme de règles.

CACS : le certificat d'aptitude de championnat est remis au meilleur mâle et à la meilleure femelle.

RCACS : la réserve du certificat d'aptitude du championnat, est remise au chien et à la chienne classés deuxième derrière le titulaire du CACS.

CACIB : le certificat d'aptitude au championnat international de beauté est remis après confrontation avec des chiens ayant obtenu le CACS et le RCACS.

RCACIB : la Réserve du certificat d'aptitude au Championnat international de Beauté

Il est remis au chien et à la chienne classés deuxième derrière le titulaire de CACB.

CHCS : est décerné au champion de France de conformité au standard

CHIB : est décerné au champion international de beauté.

21 - ADRESSES UTILES

Schipperkes CLUB De France
13 RUE CHARLES DE GAULLE
42160 ANDRÉZIEUX BOUTHÉON
Tel : 04 77 36 73 96 / 06 08 45 26 77
Email : Peillon.cecile@wanadoo.fr

CLUB FRANÇAIS DU CHIEN DE BERGER BELGE
190 route du Boulay 78950 GAMBAIS
mfvarlet@sfr.frhttp :
http://www.cfcbb.fr/

SOCIÉTÉ CENTRALE CANINE
155 avenue Jean Jaurès CEDEX., 93535 Aubervilliers
01 49 37 54 01
amclass@aol.com
http://www.scc.asso.fr/

Du royaume de Gondor 81 ch du Val de Cagnes 06800 Cagnes sur Mer

Du Clos Jennyfer Route de Calmont 09100 Pamiers

ELEVAGE SLAMA Victor 18 rue de la Marine 14470 Courseulles sur Mer

Du Domaine du Grand Sainfoin 13 rue Ampère 14480

Lantheuil

Du Mas de Valaurine Le taillis Pointu 18140 Jussy le Chaudrier

Du Mas des Lavandes 15 ch du Bois Marteau 18100 Vierzon

De la Triade des Loupiots 16 rte des 4 vents 21910 Barges

Elevage Bourgoin Hélène 24 A rue de Ste Marguerite 27190 Le Fidelaire

Roz de Kerhas 14 route de Stank Verr 29770 Primelin

Elevage Trepos Rozenn 04 rue de Kerzavid 29217 Plougonvelin

Elleage Beteille Audrey ieu dit "Paris" 31420 St André

Des Grands Voyageurs 2 chemin du Lac Bleu 33230 Coutras

Des Derniers Centurions 1276 route de Montégut 40190 Arthez d'Armagnac

Des Perles Noires 13 rue Charles de Gaulle 42160 Andrézieux

De la Bande à Moneuse 40 Rue Roger Dremaux 59144 Wargnies le Petit

À DIX KIDE ONAK Maison Domingotéa, Les Salines 64240 Briscous

Du Royaume des Bateliers 17 rue de Rhinau 67860
Friesenheim
Du Clos des Lutins d'Ebene 7 route   de Besançon
70190 Quenoche

Lupus Dei Lieu dit "Limouzi"
 81310 Peyrole

Le code de la propriété intellectuelle n'autorisant, aux termes de l'article L. 122 — 5, 2 ° et 3 ° a, d'une part, que les « copies ou reproductions strictement réservées à l'usage privé du copiste et non destinées à son utilisation collective » et, d'autre part, que les analyses et les courtes citations dans un but d'exemple et d'illustration, « toute représentation ou reproduction intégrale ou partielle faite sans le consentement de l'auteur ou des ayants droit ou ayant cause est illicite » (art. L. 122-4). Cette représentation ou reproduction, par quelque procédé que ce soit, constituerait donc une contrefaçon sanctionnée par les articles L. 335-2 et suivant du Code de la propriété intellectuelle.

Le droit d'auteur français est le droit des créateurs. Le principe de la protection du droit d'auteur est posé par l'article L. 111-1 du code de la propriété intellectuelle (CPI) qui dispose que « l'auteur d'une œuvre de l'esprit jouit sur cette œuvre, du seul fait de sa création, d'un droit de propriété incorporelle exclusif et opposable à tous. Ce droit comporte des attributs d'ordre intellectuel et moral ainsi que des attributs d'ordre patrimonial ».

Photographies © licences fotolia
Suivi éditorial © François Kiesgen de Richter
Partenaire éditorial © Amazon LTD
Auto Édition François Kiesgen de Richter
contact © romancier45@gmail.com
Copyright © 2017 François Kiesgen de Richter
Tous les droits réservés
ISBN-13: 978-1979678285
ISBN-10: 1979678286
Édition 2017